이달균 연작 시조

난중일기 亂中日記

Lee Dal-Gyun's
series of poems
Nanjung Ilgi

일 난중 기

이달균
연작 시조

亂中
日記

■ 시인의 말

2013년 여름, 통영 바다에 적조가 왔습니다.
양식장 어류들은 트럭에 실려 숲속에 파묻혔습니다.

1592년 여름, 통영 바다엔 왜선 60척이 침몰되었고,
수많은 왜적倭敵들이 수장되었습니다.

한산대첩 때의 일인日人들처럼 어류들도 그렇게 최후를 맞았습니다.
이제 임진 정유 전쟁도 역사 속에만 존재합니다.

하지만 지금도 여전히 난亂 중입니다.
충무공께서 지금 살아계신다면 일기는 계속되고 있지 않을까요?
그래서 저도 저만의 방식으로 난을 그려보았습니다.

70수로 한 권 시조집을 묶으며
저의 난중일기亂中日記는 여기서 마감하려 합니다.

부족하지만 어쩔 수 없습니다.

2025년 6월 訥齋書室에서

이달균 연작 시조_ 난중일기亂中日記

차례

- 시인의 말 5
- 작품 해설 97

1

통영 세병관에서 적조를 아룀 • 11
통영 열두 공방 • 13
변방의 순례자처럼 • 14
처서 무렵, 먼저 떠난 아들 면에게 • 15
2011 후쿠시마 • 16
어물전 • 17
격군格軍들 • 18
만지도晩地島 • 19
교방청教坊廳 생각 • 20
봄 • 21
군점 • 22
학인진법鶴翼陣法 • 23
콜레라 • 24

2

은퇴隱退 • 27
마도로스 최 • 28
연화도蓮花島 • 29
군평선이 • 30
객수客愁 • 31
고향 노래 • 32
역병疫病 • 33
칙령勅令 • 34
해운대 • 35
어느 마지막 포수의 말 • 36
대꽃 • 38
빗방울 • 39
사궁두미 • 40
가장자리 • 41

3

질문 • 45
장송長松의 말 • 46
순교殉教 • 47
잡목雜木 • 48
개밥에 도토리 • 49
바람 • 50
박물관에서 • 51
합강정合江亭 귀거래사歸去來辭 • 52
버려진 역기力器 • 53
바람 노래 • 54
허언虛言, 강선덕님 왈曰 • 55
무학산 • 56
이義 • 57
물거품 • 58

4

또랑광대의 노래 • 61
트집잡기 • 62
변립卞岦, 적석산 떠나며
　마지막 말을 이르다 • 63
독거獨居 • 65
나랏말싸미 • 66
토끼의 점령 • 67
흑룡강 하구 • 68
백석, 통영에 와서 • 69
인공지능 • 70
비빔밥 • 71
탑바위 • 72
우리들의 제국 • 73
무인도행 기차 • 74
긍정적으로 • 76
현고수懸鼓樹 • 77

5

아버지와 배롱꽃 • 81
천재 • 82
건초더미의 불꽃 • 83
노량露梁 • 84
가을 전어 • 85
독도獨島 • 86
물끄러미 • 87
최동원 • 88
어떤 마을 • 89
결핍의 바다 • 90
질날늪 철새 • 91
백비白碑 • 92
깃발 • 93
가을 작별 • 94

1

이달균 연작 시조 / 난중일기

통영 세병관에서 적조를 아룀
- 난중일기·1

 대감, 그곳 소슬한 청죽바람은 여전하온지요? 전하께옵서 기우제 드린 소식은 접했으나 이 남도 균열의 대지엔 미금만 풀썩입니다.

 삼복염천을 나면서 이렇게 지필묵 놓고 글 올리는 이즈음이 매양 우울해서인지 한여름 고뿔이 찾아와 요 며칠 고생 중입니다.

 문득 임진년 대승첩이 떠오릅니다. 아무리 왜적이라지만 떠오른 주검 앞에서 승전의 축하일배주는 허할 수 없었나이다.

 오늘 한산 바다는 동백이 지고도 한참, 다홍빛 저 붉음을 어찌 꽃답다 하겠습니까. 떠오른 고기들의 울음이 놀빛인 양 서럽습니다.

 두창 뒤에 따라온 검붉은 호열자처럼 창궐한 떼죽음을 어찌 필설로 다하오리까. 이럴 땐 목민의 자리가 죄스러울 뿐입니다.

세월을 당겨서 은하도 가까워진 오늘, 저 붉은 뇟살을 대적할 무기가 벽방산 무릎을 파낸 한 줌 황토뿐이라니.

한 차례 태풍이라도 다녀가시면 모를까 의서에도 이 병의 처방이 묘연타 하니 이만큼 차오른 울화만 다독일 뿐입니다.

통영 열두 공방

- 난중일기·2

장군 가시고
전쟁도 끝나고

널부러진 방짜유기, 노젓고 떠나기엔 견내량 물살이 세기만 하다 바다는 굼실 들앉고 남 먼저 매화 피는 터엉 빈 통제영, 내 이름은 소목장, 결 고운 느티로 장欌이나 짜고 살란다 상사칼로 끊어내고 인두질로 달래가며 끓음질 줄음질로 끼니나 잇고 살란다 갓쟁이, 발쟁이, 한집 건너 또 공방, 고향 못 간 쟁이들, 다 못 세어 열두 공방. 강화서 온 소목쟁이 알탕갈탕 찾거든

아서라, 진작 죽었으니 잊어 달라 전해주오.

변방의 순례자처럼
- 난중일기·3

여보게, 시방은 궁핍과 퇴행의 시대
운명의 첨탑에 갇힌 변방의 장수는
나약한 순례자처럼 몇 문장 일기를 쓴다

충만한 신화는 어디에도 없었네
인간의 굴레 속에서 기실 나도 두려워
몇 차례 위병을 앓고 악몽을 꾸곤했지

위대한 승전이란 사가史家들의 기록일 뿐,
이 전쟁이 끝나도 바다는 무사할까?
별신굿 새물맞이 장단에 무심히 밀물이 잦네

처서 무렵, 먼저 떠난 아들 면에게
- 난중일기·4

면아, 너 떠나고 애비는 망연자실이다

시국이 시국인지라 자식 가슴에 묻는 일도 간단치 않다 강가엔 녹조, 바다엔 적조, 유속은 느리고 여울은 깊어 망중한의 개어귀를 혼자 걷는데 마주친 사내의 굴침스런 헛기침은 하류로 간다 귀뚜리 등허리에 걸터앉은 허랑한 가을

숲정이 마르는 소리, 저만치 처서도 간다

2011 후쿠시마
- 난중일기·5

바다는 상상임신, 조금씩 배가 불러온다
괜스레 시위 당겨 하늘 노려보지만
폐경의 어인네처럼 장수는 불안하다

전야는 늘 그랬다 적요한 대란의 기운
전령은 "후쿠시마!"를 외치며 절명하고
보랏빛 빗줄기들은 삭정이처럼 부러진다

갑판엔 자욱한 안개 사산아들이 밀려온다
초병의 옆구리에서 깃털이 돋는다
어두운 태양의 소멸, 여기는 흑점의 중심

어물전
- 난중일기·6

동포루 발목 아래 어물전 구경 가자

어라, 비키거라 못난 놈들 납신단다 이놈은 절떡이, 저놈은 가다랭이, 궂은날 날궂이 하는 요놈들은 아구 쥐치 절떡이 만났으니 길조다 대길이다 가다랭인 회를 쳐서 초장에 무쳐놓고, 가자미는 아작아작 뼈째 구워 올리리라 통제영 밑 어물전엔 이놈들이 고관대작, 주둥이 치장하고 꿈지럭 텀벙 물텀벙이 물 튀기며 꼴값 떠는 어물전이 여기구나

통제공 저녁 찬거리 이만하면 됐을랑가

격군格軍들
- 난중일기·7

해 진다 꽃 진다 청정한 사람도 진다 설워마라 휘엉휘엉 바람 속에 별 울 때 저무는 혈관을 지나 향기는 백리 간다

전쟁에 미치는 날 사공의 노래는 없다 한산 바다 판옥선 노 젓는 격군들 지문도 눈물도 없이 저어라 노를 저어

역사는 영웅을 낳고 영웅은 신화를 낳고, 하지만 뉘라 알리? 짚신 한 짝, 누빈 누더기 서책이 외면한 이름 아득하다 낙화유수

만지도晩地島
- 난중일기·8

은근슬쩍 만져야 깨어나는 섬이 있다

 응큼 혹은 음흉도 재미라면 재미니 이름 따라 만지도, 만지도길 걷는데 우루루 회취會聚나온 할매들, "맞다 저기 똥딱개, 뱃년똥딱개 아이가?" 아, 미친다 몰이든 톳이든 파도에 쓸려온 한 움큼 해초라면 바쁜데 후딱후딱 밑 닦고 노를 젓든 우선해야 될 것 아녀? 어디 뱃일 뿐이것냐 산밭엔 밑씻개, 며느리밑씻개, 우짜노, 우짜것노? 곳에 따라 때에 따라 모양도 이름도 가지가지 왁자지껄 지지배배 쓰임새만은 매한가지

 "망구야, 뱃년똥딱개 건져 올려 닦아나 봤어?"

교방청敎坊廳 생각
- 난중일기 · 9

 난 운다 자주 운다 허랑한 광대처럼

 대장부 기개보단 허랑방탕 가객 같은, 품속엔 오진 눈물 베어낼 단검도 없어 사소한 날벌레나 곡우 전 찻잎처럼 사사로이 울다가 뱃구레 들춰낸 마른 강도 못 되었느니

 울어라 울어라 새여, 해금 울듯 울어다오

봄
- 난중일기 · 10

자객이 찾아왔다 선홍빛 동백의 최후
한 며칠 첩보인 양 황사가 내리고
자욱한 해무 속에서 침략이 시작되었다

화급하다 시시각각 낭자한 선혈의 전장
매물도 비진도 지나 한산도 연대도 지나
넋 놓고 망연자실이다 저 북진의 개화

군점
- 난중일기·11

어떤 배는 뒤에 서고 어떤 배는 앞에 선다

궁수는 위에 서고 격군은 밑에 선다

전쟁엔 큰 배와 작은 배, 다 제 할 일 따로 있다

학인진법 鶴翼陣法
- 난중일기 · 12

학익진은 감싸고 받들어 뫼시는 전술

팔 벌린 죽방 속에 멸치떼가 모이듯

황홀한 달무리 속에 갇혀 죽는 보름달

콜레라
- 난중일기·13

포도는 단맛으로 포도순절葡萄旬節 고하지만 아직도 제 화기 주체치 못하는 철없는 백로의 태양, 급기야 탈이 났다

금년 소출 쏠쏠하단 낭보는 호사다마, 쌀뜨물 줄줄 흐르는 설사에 구토까지 강파른 민심의 주범, 호열자가 찾아왔다

횟집은 횟집대로 어물전은 어물전대로 왁자지껄 야단법석 다 사라진 시장난전 통제영 추석 앞두고 이 무슨 황망한 난

2

이달균 연작 시조 / 난중일기

은퇴 隱退
- 난중일기 · 14

가방을 동여매고 만나는 늦봄 항구
오랜 사랑 잃고 그렇게 치통을 앓고
적도의 눈망울들과 야자수와도 작별이다

떠도는 개들은 낮술에 젖어 있다
고장 난 바람이 수선을 기다리고
묵중한 시계탑 아래 시간이 앉아 존다

굵은 손금 속에 그려진 항해일지
오늘도 나침반은 수평선 향해 있다
도처에 바다는 있고, 어디에도 바다는 없다

허공의 담벼락을 저 홀로 허청이다
이 설픈 눈빛으로 건네는 위로의 잔
썰물의 발자국 하나 밀물에 지워진다

마도로스 최
- 난중일기·15

거침없는 엔진은 이곳에서 멈춘다
산처럼 쌓여진 컨테이너는 청춘의 꿈
고단한 강철 하역도 역사에 묻는다

휘파람을 불어라 그리운 라스팔마스
낡은 사진첩에도 사랑은 있었으니
음악과 눈부신 지중해, 그 추억에 입 맞춰라

해양의 지도 위에 구축한 나만의 섬
별빛 내린 갑판에선 내가 중심이었다
그리운 박명의 시간, 그 십자성에 건배!

연화도 蓮花島
- 난중일기·16

바다를 보았느냐 진정 섬을 보았느냐
난亂으로 만나는 그 바다 핏빛 섬 아닌
배 띄워 둥둥 노니는 연꽃섬을 보았느냐

오가는 달빛이며 밀썰물 새들 행렬
는개비에 젖은 바람, 요요한 물소리가
살육의 계책이 될 줄 내 어찌 알았으랴

달빛은 달빛으로 가락은 가락으로
투구갑옷 팽개치고 잘 익은 한 동이 술
꽃피고 꽃 지는 섬을 누려보고 싶었거니

기생청 용마루를 울리고 노는 여인아
수항루 벗이니면 나도 속된 사내인걸
언제쯤 남녀유별 없이 연화도를 놀아볼까

군평선이
- 난중일기·17

 그래, 좀 전 올린 생선 이름이 무엇인고? 본서방은 안 주고 새서방에게 준다하여 세간엔 새서방고기라 부르기도 하더이다

 실하고 맛도 좋은데 이름이 좀 그러하다 수라간 평선이가 잘 구워 올렸으니 고이헌 이름 대신에 '군평선이'라 부르거라

객수客愁
- 난중일기·18

  순찰사 요 며칠 그루잠에 빠지고 귓가에 찬바람이 들명날명 한다길래 통제영 의원을 불러 사유를 물었다

  병영 깃발들이 까닭 없이 흔들리고 모두들 심란하여 괜스레 두런두런 색바람 호드기 소리에 갈피 잡지 못한다

  추석이 달포 앞으로 다가온 탓인가 군기가 헤진 그물처럼 위험 지경이다 객수에 내우외환內憂外患이니 이 누란을 어쩔거나

고향 노래
- 난중일기·19

삼도수군 통제영엔 팔도 노래 다 있다네

두고 온 고향, 아득도 한 그 노래 잊을손가? 그믐날 한산 바다 뱃노래 듣다 보니 이도백하二道白河 뗏목 젓다 부르튼 입술로 부르던 노래, 손금 지워진 손마디로 물질하다 내달려 온 마라도馬羅島 저 사내도 "이어도 이어도 산하…" 그 노래가 그리워, 북방 노래 남방 노래 서해 열도 노래 또한 그리움은 하염없어

이 난리 언제 끝나나 돌아가 부를 고향 노래

역병疫病
– 난중일기·20

통제공 분부대로 천기 살펴보니

 사람 일이야 밤낮으로 방비하여 귀선龜船, 판옥선板屋船 채비도 튼튼하고, 군량이며 화살촉도 착실히 쟁여두어 한시름 놓았으나 무릇 근심됨은 경자년 하늘 드리운 어둡고 습한 기운, 대국에서 비롯되어 황하 건너뛰어 봉쇄령에도 아랑곳 않고 기세 외려 등등하니 이 난이 진정 난중의 난이 아닐까 시름 깊어지옵니다

 봄 가고 다시 두 계절, 천지간이 구름입니다

칙령勅令
- 난중일기·21

오늘도 화급한 마차
요란히도 달려간다

혜민서 의원들은 동의보감東醫寶鑑, 의방유취醫方類聚……온갖 의서 펼쳐놓고 궁리란 궁리 다했으나 묘약은커녕 이렇다 할 묘책 없어 발 동동 구르는데 환자는 늘고 의녀醫女도 모자라 겨우 처방이라 내놓은 것이 임금 체면에 도시 입에 올리기도 민망한 칙서라니

"묻지도 따지지도 말고 입마개를 하시오."

해운대
- 난중일기 · 22

고운孤雲 선생께선 천년이 지난 지금도

가끔 이곳에 와 바다를 보신다

그들은 너무 바빠서 오신 줄도 모른다

수평의 방에서 수직으로 잠드는

위험한 꿈길을 새들은 잘도 나는데

오늘은 바다도 좋지만, 몰운대나 보고 가자

어느 마지막 포수의 말
- 난중일기·23

그렇게 마지막 포수가 죽었다. 제 나이는 몰라도 범 잡은 숫자는 알던, 걸어 둔 사냥총 보며 숲으로 돌아갔다.

유자는 얽어도 사또상에 오르고 탱자는 고와도 개똥밭에 구르는 법. 썩어도 준치란 말은 여게 꼭 들어맞지.

화승총 쓰는 법을 가르쳐 준 어른께선 호랭이는 영물이니 잡는다는 말보다 받들어 뫼신단 말로 경계를 삼으라 했어.

산삼도 산신께 빌어야 만난다는데 몇 날을 눈으로 닦고 허기에 지치다가 처음 본 조선호랭이는 날 미치게 만들었지.

고라니 멧돼지 아무리 많아도 호랭이 없는 산이 무슨 산이관대. 백두가 백두인 것은 그들이 살기 때문이야.

통일은 호랭이를 만나는 것이지. 사람이야 까짓거 올라면 오것지만, 짐승이 철조망 뚫고 올 재간이 있것는가?

빌어먹을 화포들 엿 바꿔 먹고 나면 그들 걸음으로야 한나절이면 내려오지. 숲 깊지, 사계절 좋지, 먹을 것 지천이지.

저 화승총 화약 한 번 못 쟁이고 가네마는 호랭이 포수로 산 반생이 전 생애니… 난 가네, 죽어 거죽이 된 그 영혼에 입 맞추러.

그렇게 마지막 포수가 죽었다. 함경도라 길주 명천, 두만지괴豆滿地塊도 아득하다. 태평령 능선을 넘어 그려낸 대동여지도.

대꽃
- 난중일기 · 24

죽창 거두시고 꽃으로 벌하였으니

준엄한 신의 형벌 달게 받겠나이다

절개를
지키지 못한
한 가문의 멸문지화滅門之禍

빗방울
- 난중일기 · 25

악착같이 살아남으려
구름이 되었습니다

젖은 몸이 무거워
쏟아져 내렸습니다

강물에
곤두박인 것이
불행 중 다행입니다

사궁두미
- 난중일기·26

왁씨글 득씨글 숭어떼가 돌아왔다

밀려온 바다도 이제 더 갈 곳 없이

물결은 죽을 둥 살 둥

궁리에 궁리 중이다

가장자리
- 난중일기 · 27

예전엔 가운데가 편한 줄 알았습니다

이젠 슬그머니 가장자리로 갑니다

꽃들이 왜 숨어 피는지 조금씩 알아갑니다

3

이달균 연작 시조 / 난중일기

질문
- 난중일기 · 28

구름에게 물었다 넌 무엇이 되고 싶은가?

한순간 장쾌히 소낙비로 달릴 것인가?

진종일 궂은비 되어 마른 벌판에 스밀 것인가?

장송長松의 말
- 난중일기·29

날 베어 여항산餘航山 다함 없이 편해진다면
눈 밝은 최 목수 네 눈길에 사로잡혀
산지니 울어서 붉은, 눈물 속에 나는 가리

언제는 산에 기대고 또 언제는 강에 물으며

 낙동정맥 한 허리를 꼿꼿이 떠받히며 예까지 왔느니 설마하니 선 굵은 나이테, 아름드리 장송을 하룻밤 뉘집 구들을 데울 뗄감으로야 쓰겠느냐 왕조의 누대 받드는 대들보 아니어도 칠석날 은하를 가로지른 오작교 아니어도

 재선충, 그 중산간을 죽음으로 지키리라

순교 殉敎
- 난중일기 · 30

맹렬히 달려와 부딪혀 죽는 새들

하늘엔 오직 하나의 길이 있을 뿐이다

스스로 죽을 힘 다해 쏜살처럼 떠난 최후

잡목 雜木
- 난중일기·31

나는 잡목이다
잡초밭에 벌로 자란

잡다한 세사의 바람, 치마를 들었다 났다 이 장단을 어찌 할꼬 간들바람 고추바람에 좌로 불면 좌로 쏠리고 우로 불면 우로 쏠리는 잡탕들의 조리돌림

오늘도
왼갖 잡새들
지지배배 놀다 간다

개밥에 도토리
- 난중일기·32

그래 난 '개'씨氏다
개살구에 개뼉다구

꿈마저 개꿈에다 재물은 개털이요 인생은 개뿔이라, 악쓰고 외쳐봤자 개소리에 개나발, 아서라 옆집 개는 서방보다 윗질이며 집안 서열 1위라는데, 올커니! '개'씨氏는 위대하다 개밥에 도토리들아 개다리소반에 밥 올리고 조아려라

성차별
역차별 넘어
원죄적 차별이 있다

바람
- 난중일기·33

언제 어디서든 기회가 주어진다면

몰아치고 어루만지며 선율을 다뤘습니다

하지만

은퇴란 말을

떠올린 적은 없습니다

박물관에서
- 난중일기 · 34

고대도시를 돌아온 세월을 만났습니다

경직된 손끝이 파르르 떨렸습니다

남몰래 시간을 훔치는 도적질이 짜릿합니다

합강정合江亭 귀거래사歸去來辭

- 난중일기 · 35

임진 정유 지긋지긋한 환란도 끝났으니

다 털고 귀향하여 묻힐 일만 남았다네

두 강이 하나 되는 곳에 여생을 묻으리라

잘 말린 나무에 각자공刻字工은 글 새기고

권커니 잣거니 한 잔 술에 젖다 보면

낙동강 옅은 수심도 더 깊어져 흐를지니

버려진 역기 力器
- 난중일기·36

끊길 듯 끊기지 않는 등산로 한 기슭
넝쿨을 걷어내자 어린 곰처럼 웅크린
버려진 역기와 아령, 긴 침묵을 만났다

햇볕과 바람에 잎새들 짙어질 때
천천히 녹슬어 간 묵중한 시간의 켜
손으로 온기 전하면 쇳덩이도 깨어날까

삶의 무게보다 무거운 기구들을
들며 지며 이곳까지 옮겨온 그는 벌써
무너진 무덤 주인이 되었는지도 모른다

누군가를 떠올리는 하산길은 즐겁다
역기란 몸피를 키우기도 하지만
때로는 상상의 근육을 키우기도 하니까

바람 노래
- 난중일기·37

　촉석루矗石樓 떠돌던 타령꾼이 있었다

　거렁뱅이도 같고 투덜투덜 허튼소리나 해대는 투덜이도 같은데 들어보면 통 들을 구석 없지도 않은 사내의 말인즉, 논개바우에 앉아서 지리산 쌍계곡雙溪谷 수박향 난다는 은어 물장구치는 소리라도 들을 줄 알아야 시인이지, 진주난봉가 부르는 아낙네 소릿결도 읽을 줄 모르면서 문장을 한다고… 쯧쯔!

　화들짝
　놀라 깨어보니
　한 줄기 바람만 둥둥

허언虛言, 강선덕님 왈曰
- 난중일기 · 38

   옛말도 시방은 다
   허언이 되어간다

   처서 지나면 모기도 입이 돌아가고 까마구 대가리가 벳겨진다 했거늘 한로寒露 지나 상강霜降이 낼 모렌데 한 굽이만 걸어도 등때기에 땀방울 범벅이니 내 흡사 월남에서 작전할 때 쏟아지는 고엽제도 마다않던, 그 미치고 환장할 날들의 가렵고 질척이는 아열대 낮은 하늘이 스믈스믈 오고 있어

   능금은 북에서 익고
   솔가쟁이는 나자빠지고

무학산
- 난중일기 · 39

누구도 무학산에 학이 산다고 믿지 않는다

하지만 한 삼십 년, 이 산을 오르다 보면

어느 날 겨드랑이에 돋은 날개를 만질 수 있다

의義
- 난중일기·40

단도로 손가락을 잘라버리고 싶었다

그를 향한 전언傳言, 그를 향한 필설筆舌

맹서가 다 무엇이랴 하늘도 무너지는 것을

물거품
- 난중일기 · 41

바다의 입꼬리 허연 포말이 경전이다

어디서 태풍이 일고, 또 어디서 별이 지는지

거대한 은하의 일을 물거품은 일러주신다

4

이달균 연작 시조 / 난중일기

또랑광대의 노래
– 난중일기·42

아서라 말아라, 넘지 못할 경계라면

  시$_{詩}$도 그렇고 사랑도 그렇고, 물구나무서서 걷는 인생도 그렇더라. 알량한 이름값에 어전광대 흉내 내며 줄줄이 줄 세우고, 줄 태우고 흔들흔들, 차라리 난장판에 엉덩춤이나 추고말까, 외줄 타고 재담하는 엿판 굿판 너름새에 목청껏 외쳐보는 애호박 단호박 같은 또랑광대면 또 어떠리. 못 배운 광대 집안에 국창 나기는 언감생신

아서라
꿈도 크게 꾸면
가위 눌려 낭패 본다

트집잡기
- 난중일기 · 43

긍게 제대로 된
갓 하나 만들라치믄

첨부터 요노무 트집, 트집을 잘 잡아야 허는 거여. 멀쩡한 사람 곤죽 만드는 생트집이 아니라, 멋거리 진 갓 하나 붙들어맬라치믄 평민갓이든 진사립이든 일단은 양태를 단단히 잡아야 허는데, 이 지난한 공력 멕이는 일이 그리 쉬울관대. 애초에 무녀리나 얼간망둥이 같은 놈한테 배우다 보믄 산통 다 깨지고 마니, 시방 이 모양 원만히 익히려믄 암만, 선생 같은 선생을 만나야지. 대나무실 가닥가닥 곱사리 끼워 엮은 후, 감쪽같이 둥근 틀 우에 갓 모양 잡는 일이 바로 트집잡기란 말씀, 여기서 삐끗하믄 이도 저도 아무것도 안 되니 한 몇 년 죽었다 하고 혼불 지필 각오나 하더라고.

후회할
생각 들거들랑
당장에 그만두든가

변립卞岦*, 적석산 떠나며 마지막 말을 이르다
- 난중일기·44

진달래 붉다 못해 산불인가 하였더니

 어쩔거나, 손부채로 해 가리니 아뿔싸! 해역 연한 높고 낮은 산마루, 마루마루 이어진 능선길엔 대낮 하늘 오르는 봉홧불이, 어질어질 정유년 어질머리, 난亂이로다 아비규환의 환란이다 엊그제 통제공, 백의라 종군 길에 모친상 변고에다 아들 면葂도 황망히 이승 하직하였더니 설상가상雪上加霜에 전호후랑前虎後狼이라, 그래도 부릅뜬 눈 하늘 바라 대업大業에 나섰으니

 누구라
 그 굳은 절의에
 동참치 않으리오.

소자 또한 엄친嚴親 따라 무딘 칼 벼린 후에

 당항포 격랑에 이 한 몸 바치고 말 것이니 보아라 켜켜이 쌓인 저 돌산을 보아라 시루떡처럼 쌓아 올린 돌일망정 지

---

* 변립 : 임진왜란이 일어나자 아버지 변연수와 함께 의병을 일으켜 공을 세웠고, 다시 정유재란에 참가하여 부자가 함께 전사했다.

친 배 주리거든 저 봉우리라도 바라보며 부디 견디어라 땅은 비 온 뒤에 굳어지고 떡고물은 칠수록 고와진다 하였거늘 어찌 세월은 흐르고 흘러도 이 모양 이 꼴인지 혹여나 당항 바다 떠도는 꽃 한 송이 만나거든

   적석산
   어디쯤 사는
   변 아무개라 여겨주오

독거 獨居
- 난중일기 · 45

혼자 밥 먹고, 혼자 영화 보고
혼자 등산 가고, 혼자 잠잔다

난 가끔

혼자 놀지만

매일 혼자인 이가 있다

나랏말싸미
- 난중일기 · 46

나랏말싸미 듕귁에 달아 얼마나 다행이냐

이 어린 백성이 니르고저 훓배있어

한 세상 글줄이라도 쓰며 살고 있으니

토끼의 점령
- 난중일기·47

한 번도 점령군을 꿈꾼 적 없었지만
광활한 캥거루의 나라, 그들의 초원을 향해
여리고 평화로운 전진은 조용히 계속되었다

멋모르는 아프리카 흑인들을 그랬듯이
우리도 배에 태워져 바다 건너 이곳까지
사냥용 미끼가 되어 이 대륙에 버려졌다

하지만 살아야 한다, 살아서 버텨야 한다
포식자의 이빨 아래 살아남는 전략이란
아들이 아들을 낳고 다시 낳는 순기능뿐

그러나 어찌 알았으랴 그 소리 없는 전진이
무자비한 파괴자, 점령군의 발굽인 줄
무수히 떼로 맞서는 방어가 공격이었음을

---

* 160년 전 사냥용으로 들여온 토끼가 호주의 초원을 점령하여 생태계 파괴의 주범이 되고 있다.

흑룡강 하구
- 난중일기 · 48

아버지의 스무 살, 그예 얻어온 건
야윈 늑막 울리는 가래 끓는 소리뿐
북만주 개장수처럼 바람은 남루하다

눈 치우는 사람들 집으로 돌아가고
날 선 별이 두엇, 길은 더욱 적막하여
당신의 청춘일랑은 끝내 찾을 길 없다

찢어진 다짐이었나 얼비친 눈물이었나
달려온 시간은 입춘 근처에 멈춰선 채
흑룡강, 녹았다 다시 어는 굳은살을 바라본다

이제 그만 돌아가자 두고 온 남도의 봄
철조망 녹여 만든 쟁기로 밭을 갈고
그 장단 노래에 맞춰 단칸살림을 시작하자

백석, 통영에 와서
- 난중일기·49

난蘭이 떠난 빈 도시를 그저 하릴없이
갓 만드는 집으로, 적막한 어장으로
귀 닮은 소라껍데기만 매만지며 걸었다

오색 깃발 걸고 진수식 하는 포구엔
시든 빨래처럼 줄미역만 말라간다
오늘 난, 시도 어렵고 사랑은 더 어렵다

물설고 낯설어서 얼마나 다행이냐
육로로 가면 천리, 뱃길로 가면 만리
물살은 왕배야 덕배야 빈 배만 채근하고

만나서 못할 말을, 못 만나 못했으니
이 또한 행운이라 다독이고 떠날밖에
지나는 자전거 소리에 괜스레 유월이 춥다

인공지능
- 난중일기 · 50

시심詩心 바닥나 의사와 면담했더니

상상력 칩 하나 몸에 심어주더군

의술의 혁명적 진화, 예견된 시인의 미래

비빔밥
- 난중일기 · 51

극우성향 A씨와 극좌성향 B씨와 함께

화기 애매하게 밥을 먹는다

비벼라, 비빔밥이 있어 또 하루가 든든하다

탑바위
- 난중일기·52

간절하다고 다 하늘을
향하지는 않는다

강물 향해 아래로
뿌리 내린 탑이여

별들이
알던 사연을
이젠 그들도 안다네

우리들의 제국
- 난중일기 · 53

기록되지 않은 것은 바다가 기억한다
그때 그곳에선 상한 음식 냄새가 났고
정오의 햇살 아래서도 놀빛으로 출렁거렸다

가포 해수욕장이 마침내 폐쇄되었고
나의 노래들도 금지곡이 되었다
왜일까, 내가 사랑한 것은 왜 금지되고 마는가

설탕의 천으로 가린 검붉은 소금꽃 위로
바람은 몰개성의 한 시절을 저격한다
부패한 바다를 노래한 시인은 지금 없다

아무도 질문에 대한 대답은 하지 않았고
기록되지 않은 날은 수심 깊이 잠겨버렸다
우리들 제국의 역사는 그렇게 흘러갔다

무인도행 기차
- 난중일기·54

오랜 망설임으로 걸어 잠근 나를 허물고

무작정 무인도행 밤기차에 오른다

떠나서 곤두박일지라도 오늘은 결행이다

움트지 못한 채 박제된 생각이여

한순간도 멈춘 적 없는 물살의 일렁임처럼

고적한 간이역에 적힌 이름을 경배하라

적막한 폐교엔 동상 허물어지고

그 틈 비집고 기어오르는 마삭줄 하나

산 것은 살았다 울고, 죽은 것은 죽었다 운다

고요가 불러오는 이 무질서의 야단법석

사람을 떠나지 않고 어찌 사람을 보랴

별들도 별을 보기 위해 오늘 섬에 내린다

긍정적으로
- 난중일기·55

가는 귀 좀 먼 것도 신이 주신 축복이야

다 듣진 못해도 들을 소린 다 듣지

지난밤

반가운 손님

머물다 가는 빗소리

현고수 懸鼓樹
- 난중일기 · 56

　세간리 느티나무, 그 청춘은 언제였을까 큰북 걸고 소리친 의병장의 그날이 유난히 푸르고 빛나는 때깔의 한때였을까

　하지만 다시는 돌아가지 않으리 실한 나이테 감아 돌던 한 시절, 눈물꽃 피고 질 때로 회귀하진 않으리

　할 말 다 쏟아낸 속 빈 강정처럼 노쇠하여도 부러진 가지에 새 한 마리 앉지 않아도 담담히 최후를 기다리는 시방이 더 좋다네

---

* 임진왜란 때 의병장 곽재우가 북을 매달아 치면서 의병을 모았다는 나무.

5

이달균 연작 시조 / 난중일기

아버지와 배롱꽃
- 난중일기 · 57

바람 구겨지는 소리가 들렸을 뿐

피다 만 배롱꽃 망연자실 서 있고

오는지 가는지도 모를 팔월이 수척합니다

잠자리 한 마리 날지 않는 담안 마을

당신보다 그 세월, 육 년을 더 살았지만

아직도 그날 그늘 따라 한나절을 걸어갑니다

천재
- 난중일기 · 58

생애의 첫 문장은 왜 그리 불우한가?

부정하는 모든 것이 우릴 매혹한다

오늘도 난 질투한다 먼저 빛나고 지는 별을

건초더미의 불꽃
- 난중일기 · 59

난폭해진 어둠은 강둑을 내려온다
지난날의 선택과 밀려오는 늦은 후회
아무도 그 분별없음에 위로를 전하진 않아

기차 이미 떠나고 돌아오지 않는 저녁
마른 소실점 위엔 건초더미의 연기뿐
찬란한 폭설이 온다면 기꺼이 갇혀주리

햇살에 사라질 며칠이면 어떠랴
갈망을 잊은 이에겐 절망도 즐거운 법
거룩한 소진을 향해 한 송이 불꽃이 될까

아무도 떠나온 별을 경배하지 않는다
얽힌 실타래 같은 우리네 인연들도
떠가는 지푸라기처럼 흘러가게 놓아두라

노량露梁
- 난중일기·60

그날 그렇게 별이 하나 졌습니다

아직도 그 별자리는 빈 채로 있습니다

새들도
그 하늘 지날 땐
깃을 접고 납니다

가을 전어
– 난중일기·61

위기도 이런 위기
기후 위기가 가관이다

동해바다 지붕 위로 미사일 저리 날고, 거대한 미국 쌍둥이 자취 없이 사라져도 강 건너 불구경하듯 여유만만 유유자적 뒷짐 지고 놀았건만 갑진년 삼복염천에 초죽음 만났으니 입맛 밥맛은커녕 소태 씹은 세월인데 전어야 가을 전어야 집 나간 며느리도 돌아온다 했으니 칼집 내고 소금 뿌려 어디 한번 구워나 보자

오는 둥
마는 둥하는
가을 뫼시러 떠나보자

독도 獨島
- 난중일기·62

저어라 격군이여
동진 또 북동진하라

갈매빛 바다 건너 울릉울릉 넘실대는 독도라 찾아드니 거친 바다 물너울, 태양도 집어삼킬 태산 물결 높았더라 우산도于山島가 여기거니 뉘라서 널 일러 홀로 된 섬이라 했나 여명에 빛나고 낙조에 울었던 거친 사내 숨결도 세차고 뜨거우니 구름 치달리다 물 향해 내려찍는 물수리며 갈매기들, 벼랑에 일렁이는 참억새, 새우난초, 암벽 틈 오로지 한 야광나무 눈부신데

누구라
그대를 일러
홀로된 섬이라 했나

물끄러미
- 난중일기 · 63

영혼은 물끄러미
바라보고 있으리라

뱃전에 흩어지는 육신肉身의 뼛가루

잘 가라
칠십七十 년을 의지한
낡고 정든 집이여

최동원
– 난중일기 · 64

그가 떠난 이후, 난 야구를 보지 않는다

무쇠팔의 승부사와 작별해서가 아니라

신화가 사라진 시대가 못내 아쉽기 때문이다

어떤 마을
- 난중일기·65

아이는 오지 않는데 동산 위로 해가 뜬다

아이는 오지 않는데 강물 위로 달이 뜬다

몇 년째 아이 오지 않는데 해와 달, 별이 뜬다

결핍의 바다
- 난중일기·66

시심詩心의 춘궁기를 그 봄에 만났다
잃어버린 탐구와 창백한 감수성은
긴 하루 허기와 함께 해역에 밀려왔다

서가에 꽂아둔 채 까맣게 잊어버린
그날 결핍에 대한 고백과 게으름으로
피다 만 들꽃의 개화를 돌아보지 않았다

허약한 이름은 해초처럼 떠돈다
가위에 잘려 나간 눈물을 헹궈내고
접어 둔 한 평 바다를 썰물에 실어 보낸다

그렇게 작별한 어제가 간절해지면
불현듯 마르지 않은 머리칼로 달려올까
달려와 으스러지며 절로 신명에 겨워질까

사랑이여 허물어진 성벽 기어올라
폐허에 입맞춘 허기진 돌개바람처럼
길 잃은 흙먼지라도 쓸어안고 비상해 다오

질날늪 철새
- 난중일기·67

이 늪으로 오지 못한 새들을 생각한다

죽지 부러졌거나 날개 찢어졌거나

포성의 우크라이나를 끝내 넘지 못했거나

백비白碑
- 난중일기·68

무덤엔 단 한 줄 글귀도 새기지 마라

내 삶은 찬미할 그 무엇도 없으니

내생*生은 백골로 참회할 또 한 번의 시간이다

오백 년 왕조 잃고, 동문의 벗들 잃고

한목숨 부지한 채 이곳까지 왔으니

남루한 죽음 앞에서 눈물일랑 보이지 마라

---

* 고려 유신 모은(茅隱) 이오(李午) 선생은 조선의 벼슬길에 나가지 않고 생을 마감했다. 유언대로 무덤에 백비를 세웠다.

깃발
- 난중일기 · 69

깃발에 의지한 그대, 지사 흉내 내지 마라

우린 함께 던져진 몽돌밭의 돌 하나

시대의 장삼이사張三李四로 그 고개 넘었으니

가을 작별
- 난중일기·70

짧은 가을이 갔어 그래서 외로웠던거야

요절한 가을 위로 낙엽을 덮어주었지

무덤은 바람에 쓸려 더욱 쓸쓸하였어

그 무덤 앞에서 김현식을 불러보다가

짙은 안개 속에서 기형도를 생각했지

노래로 시를 덮으며 가을과 작별하였어

해설

구모룡 (문학평론가)

■ 작품 해설

난세의 감각과 다성多聲의 공명

— 이달균의 「난중일기」 연작 시조론

구모룡(문학평론가)

1. 이달균 시조의 위치

현대시조 시인에게 변화는 항상적인 과제이다. 형식의 근본을 지켜야 한다는 고전주의적 경향조차 언어의 쇄신과 율동의 개성을 고민하지 않을 수 없다. 복고주의를 선택하지 않은 이상 현대성의 획득은 현대시조 시인에게 피할 수 없는 과업이 되었다. 정형률이라는 본디의 장르 색인을 무시하지 않으면서 중세의 발생론적 이념에서 벗어나는 일이 시난하나. 구심력과 원심력, 정격과 변격의 벡터가 견결하게 작동하는 긴장을 놓칠 수 없기 때문이다. 이러한 가운데 현대 생활의 구체적 내용을 기입하는 일상어를 사용하면서 행갈이나 사설의 파격을 추구하는 경향이 일반화하였다. 어쩌면 현대시조 시학에서 전위는 일정한 한계를 전제한다.

이달균 시인은 현대시조의 변화를 끊임없이 고민하고 실

행하는 전위에 가깝다. 그는 다양한 시적 대상을 찾아서 그에 상응하는 목소리와 형식을 구성한다. 페르조나의 역할을 좇아서 자아를 확대하며 사물과 타자라는 외부를 확장한다. 이러한 과정에서 일상의 감각과 리듬을 자연스럽게 표현하려는 의지를 표출한다. 단형에서 장형, 단편 서정시에서 장편 이야기시(예를 들어 「어느 마지막 포수의 말 - 난중일기·23」)에 이르는 형식의 변주가 자유자재하다. 의식적으로 내재한 고유 리듬의 긴장을 풀어 놓기도 한다. 가령 「박물관에서 - 난중일기·34」, 「나랏말싸미 - 난중일기·46」, 「천재 - 난중일기·58」, 「최동원 - 난중일기·64」 등이 그러하다. 단편적인 생각을 평이하게 진술하는 방법을 선택함으로써 시조가 지녀야 할 법한 의고적 율동을 최소로 약화하고 있다. 그렇다고 그가 3장 형식의 기본을 위반하거나 해체하지는 않는다. 장르적 규범 안에서 최소화와 최대화를 동시에 모색한다. 긴 사설을 반복하여 변주하는 방식의 최대화와 단형의 평이한 서술이 지닌 최소화가 그것인데 「난중일기」 연작에서도 이러한 진자운동이 뚜렷하다.

「결핍의 바다 - 난중일기·66」에서 화자는 "시심의 춘궁기를" 극복하는 과정을 말하고 있다. "잃어버린 탐구와 창백한 감수성"(1연), "결핍에 대한 고백과 게으름"(2연), "허약한 이름"과 "가위에 잘려 나간 눈물"(3연)로 표상되는 시적 고갈과 의지의 쇠퇴를 이겨내고자 한다. 그리고 4연에서 "그렇게 작별한 어제가 간절해지면/불현듯 마르지 않은 머리칼로 달려올까/달려와 으스러지며 절로 신명에 겨워질까"라고 묻는다. 다시 시심을 회복하기를 갈구하면서 결핍과 고갈, 단절과 죽음에 맞선 사랑과 생성을 희망한다. "사랑이여 허물어진 성벽 기어올라/폐허에 입맞춘 허기진 돌개바람처럼/길 잃은 흙먼지라도 쓸어안고 비상해 다오"라는 5연은 화자의 진술로 대변되는 시인의 생동하는 시적 과정을 말하기에 족하다. 이처럼 이달균의 시학은 의지, 희망, 사랑, 생성의 과정을 놓치지 않는다. 「무인도행 기차 - 난중일기·54」와 「건초더미의 불꽃 - 난중일기·59」도 기지를 넘어서 미지를 예감하는 자기의지를 표출한다. "오랜 망설임으로 걸어 잠근 나를 허물고" "고요가 불러오는 이 무질서의 야단법석/사람을 떠나지 않고 어찌 사람을 보랴/별들도 별을 보기 위해 오늘 섬에 내린다"(「무인도행 기차 - 난중일기·54」에서)라는 탈주와 "아무도 떠나온 별을 경배하지 않는다/얽힌 실타래 같은 우리네 인연들도/떠가는 지푸라기처럼 흘러가게 놓아두라"(「건초더미의 불꽃 - 난중일기·59」에서)는 해방의 지향은 시인의 시학에 내재한 지평구조라고 해도 과언이 아니다.

「바람 - 난중일기·33」에서 시적 화자는 "언제 어디서든 기회가 주어진다면/몰아치고 어루만지며 선을 다뤘습니다"라고 진술한다. 표제가 지시하는 "바람"이 생명과 기운을 의미하므로 이를 생성의 시학으로 읽어도 무방하리라고 생각한다. 이와 같은 시적 지평에서 시인은 "하지만/은퇴란 말을/떠올린 적은 없습니다"라고 말하고 있다. 이러한 맥락에서 비록 단편이지만 「사궁두미 - 난중일기·26」이 이달균 시조 시학의 경향을 잘 보여준다고 하겠다.

왁씨글 득씨글 숭어떼가 돌아왔다//밀려온 바다도 이제 더 갈 곳 없어//물결은 죽을 둥 살 둥//궁리에 궁리 중이다

―「사궁두미 - 난중일기·26」 전문

마산 합포만 사궁항의 한 장소를 대상으로 쓴 작품인데 소리와 모양을 은유하는 말들이 살아 움직이며 표제에 상응하여 한계를 극복하려는 의지적 지향을 표출하고 있다. 시인이 지닌 생성의 시학과 존재 해방의 지평구조를 집약한 셈이다. 「난중일기」 연작은 그러므로 그동안 시인이 견지한 현대시조의 전위를 존재의 안과 밖에서 더욱 요동하는 과정으로 보여준다.

2. 난세의 시학

연작 「난중일기」의 창작 계기는 이달균 시인의 통영 경험에서 비롯한 듯하다. 충무공 이순신(이하 '충무'로 호칭함)의 유적이 많은 통영이므로 여기에서 충무의 『난중일기』를 떠올리기에 족하다. 「시인의 말」을 참고하면 보다 직접적인 실마리는 "2013년 여름, 통영 바다에 적조가" 밀려온 사실과 연관하는데, 시인은 이를 "1592년 여름"의 "통영 바다"와 병치한다. "왜선 60척이 침몰되었고, 수많은 왜적이 수장" 되었던 전란의 풍경과 바다 오염으로 물고기가 떼죽음하는 광경을 오버랩한다. 7년간 계속된 임진왜란은 충무의 『난중일기』와 서애 유성룡의 『징비록』 등에 기록되어 있다. 또한 단재 신채호를 위시하여 춘원 이광수와 구보 박태원 그리고

김용호를 경유하여 김탁환과 김훈에 이르기까지 많은 작가에 의하여 7년 전쟁과 이순신의 생애가 거듭 서술되기도 하였다. 특히 시인 김용호는 1952년 한국전쟁의 한가운데서 임진년 이후 전쟁 동안 충무가 전개한 승첩과 순국의 과정을 서시와 17장으로 구성한 서사시로 되새기면서 전쟁 상황에서 혼란한 정국을 경계하였다.

그런데 이달균 시인의 시적 의도는 충무의 일기를 다시 읽거나 이를 통하여 그 속의 사건을 재구축하려는 데 있지 않다. 그는 앞서 말한 대로 변란이 지속하고 반복하는 세계상을 폭넓게 사유하고자 한다. 『난중일기』를 쓴 충무의 절실한 염려와 곡진한 심경을 헤아리면서 나날의 구체적 삶을 난중의 심정으로 감각하면서 시편을 구성한다. 따라서 충무와의 동일시나 그 어떤 영웅주의를 소환할 의도가 없다. 「시인의 말」처럼 "지금도 여전히 난중"이어서 "충무공께서 지금 살아계신다면 일기는 계속되고 있지 않을까요?"라는 소박한 가정에서 시작하며 "저만의 방식으로 난을" 생각하고 기록하려 하였다. 따라서 숭고나 비극의 미학을 창출하기보다 일기가 그러하듯이 일상의 이면을 보여주고자 한다. 물론 「의義 - 난중일기·40」이 말하듯이 "하늘도 무너지는" 배반의 역사가 없지 않다. 충무의 죽음처럼 "새들도/그 하늘을 지날 땐/깃을"(「노량露梁 - 난중일기·60」에서) 접는 자리로 기억되기도 한다. 또한 "절개를/지키지 못한/한 가문의 멸문지화"(「대꽃 - 난중일기·24」에서)나 "스스로 죽을 힘을 다해 쏜살처럼 떠난 최후"(「순교殉敎 - 난중일기·30」에서)의 비장도 있다. 하지만 시인은 이러한 죽음과 파국을 장소와 은유로 우회한다. 그만큼 부정성으로 흐르지 않는 긍정을 표출한다.

다른 한편으로 이달균의 시편을 읽으면서 세계사상사의 기축 시대에 동아시아에서 발흥한 장자莊子의 사유를 '난세의 철학'으로 명명한 후쿠나가 미쓰지를 상기하면서 '난세의 시학'이라는 말을 얻는다. 춘추전국시대에 발흥한 유가와 도가가 전란 속에서 꽃 핀 내력만치 전쟁과 재난 그리고 끝이 없는 위기에 염려와 우울, 불안과 공포를 경험하는 우리 시대의 시적 상황을 대비할 수 있기 때문이다. 더군다나 충무의 『난중일기』가 하나의 전범으로 시인의 면전에 우뚝 놓여있으니 시대 상황에 관한 시인의 근심과 예감이 난세의 시학으로 발현하게 된다. 장자가 보인 난세의 철학이 그러하듯이 난세의 시학도 전란의 기록이 아니며 인간의 조건과 삶에 관한 느낌과 사유의 표현이다. 가령 정유재란에 참가하여 전사한 변립을 시 속의 주인공으로 삼은 「변립卞岦, 적석산 떠나며 마지막 말을 이르다 - 난중일기·44」를 보면 "아비규환의 환란"과 "당항 바다"와 "진달래" 꽃잎의 이미지가 겹쳐지면서 영속하는 자연과 더불어 인간 존재의 유한한 의미를 전하고 있음을 알 수 있다. 또한 「격군格軍들 - 난중일기·7」이 그렇다.

해 진다 꽃 진다 청정한 사람도 진다 설워마라 휘엉휘엉 바람 속에 별 울 때 저무는 혈관을 지나 향기는 백리 간다 전쟁에 미치는 날 사공의 노래는 없다 한산 바다 판옥선 노 젓는 격군들 지문도 눈물도 없이 저어라 노를 저어

역사는 영웅을 낳고 영웅은 신화를 낳고, 하지만 뉘라 알리? 짚신 한 짝, 누빈 누더기 서책이 외면한 이름 아득하다 낙화유수

— 「격군格軍들 - 난중일기·7」 전문

   전선을 움직이는 "격군들"을 이야기하는 이 시편에서 시적 화자의 지향은 모든 사물을 연결하는 바다처럼 뭇 생명의 죽음을 "낙화유수"로 생성하여 건져낸다. "영웅"의 "신화"가 아니라 생명을 지닌 사물의 "향기"를 감각한다. 그래서 1연은 2연의 사건을 거쳐 3연과 같이 이해된다. 이와 같이 시인은 전쟁을 영웅주의나 신화의 탄생으로 찬양하지 않고 인간의 조건과 생명의 의미로 해석하는 난세의 시학을 형성한다. 물론 그렇다고 하여 충무와 그 시대 사람들의 희생을 간과하는 일은 없다. 시인의 의도는 충무와 그의 시대와 오늘을 접속하면서 난이 변함없는 인간의 조건임을 말하고자 한다.

   난亂은 어원학으로 볼 때 본디 두 손으로 엉킨 실을 푸는 모습을 그린 데서 연원한 회의문자이다(하영삼, 『한자어원사전』 참조). 손과 실패와 실의 조합인데 엉킨 실만큼 풀기 어려운 사물도 없을 터이어서 난은 뒤엉키고 혼란한 현상을 의미한다. 그런데 이러한 어원에는 역설적 의미도 내포한다. 엉킨 실은 반드시 풀려야 베를 짤 수 있으므로 정리와 해결

의 과정을 포함하여 난의 해소를 희망하는 지향을 품는다. 엉키고 맺힌 혼란에서 벗어나 자유를 갈망하는 의식은 세계와의 단절이라는 비극적 감성에서 발원하는 시적 역설에 상응하며 그만큼 외부의 세계와 사물 그리고 타자로부터 내부의 자아에 이르는 모든 영역에서 일어나는 현상이다. 이러한 점에서 이달균 시인이 난을 시조의 형식을 통하여 "저만의 방식"으로 감각하고 해소하려는 데 의의가 있다.

 전쟁, 재난, 사건과 사고, 사람 사이의 갈등과 마음의 혼란까지 모두 사람이 겪는 난의 영역에 속한다. 어느 경우이든 생활세계와 일상이 자리하며 이것이 파괴되거나 뒤엉키는 사태를 극복하는 과정을 포함한다. 그만큼 난의 스펙트럼은 넓고 광범하며 인간학적인 접근과 해석의 대상이 된다. 이미 언급한 전란은 물론 그치지 않는 위기를 유발하는 "후쿠시마"(「2011 후쿠시마 - 난중일기·5」)를 필두로 "횟집은 횟집대로 어물전은 어물전대로 왁자지껄 야단법석 다 사라진 시장난전 통제영 추석 앞두고 이 무슨 황망한 난"(「콜레라 - 난중일기·13」)이 발생하고 "경자년 하늘 드리운 어둡고 습한 기운"인 팬데믹(「역병 - 난중일기·20」), "기후 위기"(「가을 전어 - 난중일기·61」) 등을 비롯하여 숲을 병들게 하는 "재선충"(「장송의 말 - 난중일기·29」)이나 새로운 종의 생태계 교란(「토끼의 점령 - 난중일기·47」)과 저출생(「어떤 마을 - 난중일기·65」) 등도 이미 생활 세계 내에 복합위기로 존재한다. 「칙령 - 난중일기·21」의 종장이 말하고 있듯이 "묻지도 따지지도 말고 입마개를 하시오."라는 처방은 오늘날에 와서도 전

근대와 다를 바 없는 현실이다.

3. 목소리의 공명

모두에서 말하였듯이 그동안 이달균이 전개한 시조 시학의 경향은 본디 지닌 정형률의 기반을 허물지 않으면서 형식과 발화에 걸쳐서 가능한 자유를 획득하고자 하였다. 형식의 측면에서 주변 장르와 접합을 시도하면서 내용을 확대해 왔고 발화의 측면에서 다양한 페르조나의 활용을 통하여 대화적 상상력을 발동하였는데 그만의 개성적인 현대성 확보의 노력으로 보인다. 연작 시집인 『난중일기』의 경우에도 우선 표제처럼 일기 양식의 수용을 주목할 수 있다. 주지하듯이 일기는 개인이 적절하거나 중요하다고 생각하는 사건, 행동, 관계의 상호작용, 인상, 느낌 그리고 자아성찰 등을 기록한다. 특히 충무의 『난중일기』는 전란의 위기에 처한 나날의 서술이라는 점에서 매우 중요한데 시인 또한 「난중일기」 연작을 통하여 일상과 생활 속에서 사람과 사물 그리고 자아와 세계를 난중의 심경으로 지각하고 표현하였다. 하지만 이달균의 「난중일기」 연작은 일기라는 나날의 고백 양식을 그대로 드러내기보다 '반복과 재실현의 패턴'인 시조의 리듬으로 변주하고 있다. 따라서 쓰인 당시의 기록적 시간의 구속을 벗어나 '난중일기'라는 큰 틀 속에서 유연하게 엮인 연작으로 귀결한다. 그만큼 일기 양식이 지닌 직접성의 효과를 감안하면서 다양한 형태로 발화하는 시조 시편을 의도하였다.

우선 시집의 서시 자리로 배치한 첫 시편인 「통영 세병관에서 적조를 아룀 - 난중일기·1」을 주목할 수 있는데 편지의 형식을 차용하여 충무에게 시적 화자의 사연을 전하는 방식을 선택한다. 충무의 『난중일기』(노승석 교주본 참조) 속에도 군데 군데 여러 사람에게 보낸 서신이 담겨 있듯이 서간체 시편은 수신 대상을 전제한 발화라는 점에서 일기와 다른 담론 효과를 보인다. "대감, 그곳 소슬한 청죽바람은 여전하온지요? 전하께옵서 기우제 드린 소식은 접했으나 이 남도 균열의 대지엔 미금만 풀썩입니다."라는 진술을 첫 연으로 삼은 이 시편은 7연으로 구성한 연시조이다. 각 연은 행갈이가 없이 자유롭게 진술되어 서간의 진솔한 내용이 다가온다. 제시한 1연은 "대감"의 안부를 묻고 가뭄 소식을 전하면서 시작하며 2연은 "삼복염천을 나면서" "한여름 고뿔이 찾아와 요 며칠 고생 중"인 화자의 처지를 아룐다. 영락없는 서간 형식의 서술인데 3연은 "문득 임진년 대승첩이 떠오릅니다. 아무리 왜적이라지만 떠오른 주검 앞에서 승전의 축하 일배주는 허할 수 없었나이다."라고 사연을 전하는 단계로 이월한다. 3연의 "떠오른 주검" 이미지는 4연에서 "떠오른 고기들" 이미지와 상관한다. "오늘 한산 바다는 동백이 지고도 한참, 다홍빛 저 붉음을 어찌 꽃답다 하겠습니까. 떠오른 고기들의 울음이 놀빛인 양 서럽습니다." 바로 적조가 든 "한산 바다"의 현실이 왜적의 난만치 다가온 오늘의 난인 것이다. 그렇다면 화자는 유독 왜란과 충무를 호명하였을까? 이에 대한 답이 5연에 있으니 "이럴 땐 목민의 자리가 죄스러울 뿐"이라는 진술에서 나타난다. 이는 시 속의 화자의 위치가 통영의 시정에 관여하는 데 있음을 의미하는데 시인의 경험적 자리와 다르지 않다. 전란을 혁파한 충무와 달리 6연이 말하듯이 "세월을 당겨서 은하도 가까워진 오늘, 저 붉은 뒷살을 대적할 무기가 벽방산 무릎을 파낸 한 줌 황토뿐"이어서 화자는 "이만큼 차오른 울화만" 다독이는 사정을 그에게 전한다. 이처럼 서시에 해당하는 이 시편은 충무와 화자가 공유하는 비동시적인 "한산 바다"를 매개로 환란이 지속하는 세계상을 제시한다. 각 연에서 시행발화를 배격한 이 시편이 연시조임을 알게 하는 확실한 표지는 각 연의 종장의 첫 구가 엄격하게 3자를 지키고 있음이다. 이처럼 시인은 일기와 서간과 시조의 형식적 교섭을 통하여 그 경계를 이월하면서 장르적 구속을 최소화하고 자유로운 율동을 얻는다. 디히터 람핑이 말한 시의 최소정의인 시행발화를 건너서 시조의 최소정의에 기대는 아슬한 시적 모험이다.

장군 가시고
전쟁도 끝나고

널부러진 방짜유기, 노젓고 떠나기엔 견내량 물살이 세기만 하다 바다는 굼실 들앉고 남 먼저 매화 피는 텅 빈 통제영, 내 이름은 소목장, 결고운 느티로 장欌이나 짜고 살란다 상사칼로 끊어내고 인두질로 달래가며 끊음질 줄음질로 끼니나 잇고 살란다 갓쟁이, 발쟁이, 한집 건너 또 공방, 고향 못 간 쟁이들, 다 못 세어 열두 공방. 강화서 온 소목쟁이 알탕갈

탕 찾거든

아서라, 진작 죽었으니 잊어 달라 전해주오.
―「통영 열두 공방 - 난중일기·2」 전문

　이어지는 두 번째 시편인데 우선 전체 형태는 중장의 사설에 기댄 장형시조이다. 종장이 이끄는 율동의 묘미가 확연한 한편 초장의 간결한 함축이 신선하다. "장군 가시고/전쟁도 끝나고"라는 초장을 읽을 때에 미묘한 여운을 남기는데 중장으로 건너면서 "내 이름은 소목장"에 이르러 시의 화자와 만나면서 그와 더불어 남겨진 많은 사물과 사람의 사연을 알게 된다. 그러니까 통영은 장군뿐만 아니라 "갓쟁이, 발쟁이, 한집 건너 또 공방, 고향 못 간 쟁이들, 다 못 세어 열두 공방"이 있는 뭇 민중의 기억이 자리한 장소이다. 「통영 세병관에서 적조를 아룀 - 난중일기·1」을 통하여 "목민의 자리"에서 충무에게 말을 건넨 시인은 「통영 열두 공방 - 난중일기·2」를 경유하여 민중의 기억과 그 목소리를 불러낸다. 그리고 「변방의 순례자처럼 - 난중일기·3」은 환생한 충무가 시인에게 전하는 경계의 말로 「통영 세병관에서 적조를 아룀 - 난중일기·1」에 대한 답신에 가깝다. 시편 속에 극화한 페르조나는 실제 그 이면에 있는 시인의 의미를 전달하는 매개자일 경우가 많다. 「변방의 순례자처럼 - 난중일기·3」에서 "여보게, 시방은 궁핍과 퇴행의 시대/운명의 첨탑에 갇힌 변방의 장수는/나약한 순례자처럼 몇 문장 일기를 쓴다"라고 환생한 충무의 목소리로 진술하고 있지만 "시방은 궁핍과 퇴행의 시대"라는 구절처럼 시인의 입장이 덧씌워져 있다. 이는 "충만한 신화는 어디에도 없었네"라는 2연의 초장에서도 드러나며 "충만한 신화"가 아니라 살아있는 "인간"으로 인식되어야 함을 강조한다. "인간의 굴레 속에서 기실 나도 두려워/몇 차례 위병을 앓고 악몽을 꾸곤했지". 이와 같은 인간의 면모를 통하여 지나간 영웅주의 신화를 걷어내라고 하며 3연에 이르러 "위대한 승전이란 사가들의 기록일 뿐,/이 전쟁이 끝나도 바다는 무사할까?/별신굿 새물맞이 장단에 무심히 밀물이 잦네"라고 환란의 반복 가능성에 관한 염려를 표명한다.

「통영 세병관에서 적조를 아룀 - 난중일기·1」과 「변방의 순례자처럼 - 난중일기·3」은 주고받은 서신에 해당한다. 여기에서 주목할 바는 '나'의 서신이 변격으로 진술되었다면 충무의 '답신'은 정격으로 발화되었다는 사실이다. 주격의 목소리와 태도에 적합한 형식의 조응을 얻고 있다. 변격은 충무가 아들 면을 잃은 심경을 토로한 「처서 무렵, 먼저 떠난 아들 면에게 - 난중일기·4」에서도 나타난다. 평정을 잃지 않는 충무조차 "망연자실"을 표출할 수밖에 없다. 이달균의 『난중일기』는 이 시편을 통하여 일기 양식이 부여하는 일상의 이면, 표면 아래 출렁이는 마음의 깊이를 보여준다.

면아, 너 떠나고 애비는 망연자실이다

시국이 시국인지라 자식 가슴에 묻는 일도 간단치 않다 강가엔 녹조, 바다엔 적조, 유속은 느리고 여울은 깊어 망중한의 개어귀를 혼자 걷는데 마주친 사내의 굴침스런 헛기침은 하류로 간다 귀뚜리 등허리에 걸터앉은 허랑한 가을

숲정이 마르는 소리, 저만치 처서도 간다
  ―「처서 무렵, 먼저 떠난 아들 면에게 - 난중일기·4」 전문

 이 시편에 이르러 충무와 시인의 연결은 최고에 이른다. 셋째 아들 면을 잃은 충무의 고통과 깊은 슬픔에 다다랐는데 충무의 고백적 진술에 그치지 않는다. 시적 화자는 충무이지만 시인은 대화자의 위치에서 그의 말에 개입한다. 2연의 사설 가운데 "강가엔 녹조, 바다엔 적조, 유속은 느리고 여울은 깊어 망중한의 개어귀를 혼자 걷는데 마주친 사내의 굴침스런 헛기침은 하류로 간다."라는 구절에서 "강가엔 녹조, 바다엔 적조"라는 이미지의 배치가 특히 그러하다. 시적 화자인 충무의 페르조나는 시인의 관점을 포함한다. 이처럼 이달균의 시조는 자기와 타자의 목소리가 시편 속에서 공명하는 과정을 형성한다.

4. 장소와 일상의 이면

 「노량露梁 - 난중일기·60」에서 "노량"은 충무의 마지막 사건을 소환하며 존재를 충격하는 장소이다. 일상은 많은 장소의 경험과 함께 한다. 더군다나 난중의 감각으로 시로 쓰

는 일기라면 시적 경험 가운데 장소가 차지하는 비중이 큰데 때론 시인이 시적 화자의 말을 빌려 충무를 기념하는 계기로 삼기도 한다. 통영 동피랑 전망대인 "동포루 발목 아래 어물전 구경 가자"라고 하면서 「어물전 - 난중일기·6」은 중장을 통해 "어라, 비키거라 못난 놈들 납신단다 이놈은 절떡이, 저놈은 가다랭이, 궂은날 날궂이 하는 요놈들은 아구 쥐치 절떡이 만났으니 길조다 대길이다 가다랭인 회를 쳐서 초장에 무쳐놓고, 가자미는 아작아작 뼈째 구워 올리리라 통제영 밑 어물전엔 이놈들이 고관대작, 주둥이 치장하고 꿈지럭 텀벙 물텀벙이 물 튀기며 꼴값 떠는 어물전이 여기구나"라고 사설한 뒤에 "통제공 저녁 찬거리 이만하면 됐을랑가"라고 종장을 매듭한다. 전란의 비참과 도탄이 아니라 명랑과 쾌활을 불러왔다. 어쩌면 이러한 활기가 통영의 진면일 터인데 「학익진법鶴翼陣法 - 난중일기·12」에서 다시 이러한 역설을 만날 수 있다.

> 학익진은 감싸고 받들어 뫼시는 전술
> 팔 벌린 죽방 속에 멸치떼가 모이듯
> 황홀한 달무리 속에 갇혀 죽는 보름달

삼엄하고 혹독한 전장의 전술인 "학익진"을 "감싸고 받들어 뫼시는" 이치에서 구하고 이를 바다에서 멸치떼를 모으는 "죽방"과 하늘에서 "황홀한 달무리"에 비유한다. 작은 것에서 큰 것으로 하나에서 다수로 번져가면서 바다의 느낌처럼 모든 것을 연결하는 사유이다. 「질날늪 철새 - 난중일기·67」은 "이 늪으로 오지 못한 새들을" 기억하며 "포성의 우크라이나를 끝내 넘지" 못했을 수도 있다고 생각한다. 장소 사랑과 사물의 연민이 세계를 향한 목소리로 발현한다. "임진왜란 때 의병장 곽재우가 북을 매달이 치면서 의병을 모았다는 나무"를 노래한 「현고수懸鼓樹 - 난중일기·56」이나 「합강정合江亭 귀거래사歸去來辭 - 난중일기·35」는 장소를 매개로 "의병장의 그날"이나 "임진 정유 지긋지긋한 환란"을 기억하면서 오늘의 화평과 안빈낙도를 기원한다. 난세의 시학이 지니는 역설은 참혹한 전장이던 장소의 모순에 기반하여 구체적으로 발현하게 된다. 예를 들어 「연화도 - 난중일기·16」은 충무의 내면을 떠올리면서 전란의 흔적을 걷어내고 사물의 진면에 다가가고자 한다. "난으로 만나는 그 바다 핏빛 섬 아닌/배 띄워 둥둥 노니는 연꽃섬"을 시적 화자는 그만의 헤테로토피아로 승격하는데 이 시편의 묘미는 충무와 '나'가 겹쳐진 이중 화자의 시점에서 나타난다. 충무의 내면과 '나'의 갈망이 한데 어울리고 겹쳐지는 형국이다. 이같은 목소리의 공명은 「독도 - 난중일기·62」에서도 잘 나타난다. "저어라 격군이여/동진 또 북동진하라"는 충무에 의탁한 초장의 목소리는 중장에서 뭇 생명이 어우러진 바다와 섬을 서술하는 시적 화자의 목소리를 거쳐 "누구라/그대를 일러/홀로된 섬이라 했나"라는 종장으로 통합한다. 로망 롤랭이 말한 '대양의 느낌'에 상응하는 발상이다. 「은퇴 - 난중일기·14」나 「마도로스 최 - 난중일기·15」에서 만나는 바다

혹은 대양은 사람이라는 장소의 생애를 통하여 사물과 세계의 끊을 수 없는 유대를 말하는 이달균 현대시조의 또 다른 영역의 개진이다.

"은근슬쩍 만져야 깨어나는 섬이 있다"로 시작하는 「만지도 - 난중일기·8」은 장소의 유래를 통하여 유쾌한 웃음을 일깨운다. 유머는 인간 본성을 깊이 인식한 데서 나타나는데 근엄한 중심이 아니라 주변부적 삶에 내재한 이중성의 발현이다. 이 또한 가장자리를 지향하는 시인의 입장과 다르지 않다. 「무학산 - 난중일기·39」의 장소사랑도 단순한 애착이거나 과장된 환상이 아니다. 시인에게 그만한 추억이 내재한 시적 공간이기 때문이다. 이는 「우리들의 제국 - 난중일기·53」에 나타난 장소상실과 견줄 수 있다.

기록되지 않은 것은 바다가 기억한다
그때 그곳에선 상한 음식 냄새가 났고
정오의 햇살 아래서도 놀빛으로 출렁거렸다

가포 해수욕장이 마침내 폐쇄되었고
나의 노래들도 금지곡이 되었다
왜일까, 내가 사랑한 것은 왜 금지되고 마는가

설탕의 천으로 가린 검붉은 소금꽃 위로
바람은 몰개성의 한 시절을 저격한다
부패한 바다를 노래한 시인은 지금 없다

아무도 질문에 대한 대답은 하지 않았고

기록되지 않은 날은 수심 깊이 잠겨버렸다

우리들 제국의 역사는 그렇게 흘러갔다

— 「우리들의 제국 - 난중일기·53」 전문

상실과 노스탤지어는 서정의 의식적 지반이다. 그곳에는 냄새가 있고 빛깔이 있다. 시인에게 이 모두를 아우르는 기적의 자리는 "바다"이다. 폐쇄되고 금지된 사랑이 있다 하더라도 생성의 징후는 나타나기 마련이다. "몰개성의 한 시절"을 지나고 "부패한 바다를" 건너서 시인의 노래는 다시 불리게 된다. "지금 없다"는 생각이야말로 희망의 징조이다. 대답없는 날들이 가고 "기록되지 않은 날"들이 수장되어 "우리들 제국의 역사"가 사라졌다고 하더라도 다시 사랑은 발명되고 생명은 꽃이 핀다. 「우리들의 제국 - 난중일기·53」 또한 그 표면 아래에 심연처럼 역설을 품고 있다.

5. 시적 음역의 확장

시적 경험의 단초는 무엇보다 자아로부터 벗어나는 일이며 이로써 타자와 사물을 향한다. 이달균의 「난중일기」 연작에서 페르조나를 매개하지 않는 고백적 화자의 자기 표현은 드물다. 가령 시에 관한 시편(metapoem)인 「인공지능 - 난중일기·50」의 시적 화자는 시인이 상상하는 가상의 자아에 다를 바 없는데 SF시조라 할 만치 "시심 바닥나 의사와 면담했더니/상상력 칩 하나 몸에 심어주더군/의술의 혁명적 진화, 예견된 시인의 미래"라고 진술하고 있다. 에둘러 메마른 미래주의를 비판한 셈이다. 시인의 입장은 이와 같은 미래파적인 포스트 휴먼의 옹호가 아니며 「가장자리 - 난중일기·27」이 말하듯이 주변부적 시각을 견지하는 데 있다. "예전엔 가운데가 편한 줄 알았습니다/이젠 슬그머니 가장자리로 갑니다/꽃들이 왜 숨어 피는지 조금씩 알아갑니다"라는 진술에서 "가운데"가 아니라 "가장자리"를 지향하는 화자의 태도와 만난다. 중심은 주변을 편입하거나 지배하려는 욕망으로 오염된 권력에 가까워 파커 J. 파머가 비유한 대로 사람들의 눈에 경주마의 눈가리개를 씌운다. 이와 달리 가장자리에서는 숨은 꽃을 비롯하여 단순한 사물에 더 눈길을 주게 된다. 이는 앞에서 시인이 영웅주의나 신화를 추종하지 않는다는 지적과도 상통한다. 평범(「깃발 - 난중일기·69」에서)을 좇고 긍정하며(「긍정적으로 - 난중일기·55」에서) 사물과 타자를 표현하려 한다. "혼자 밥 먹고, 혼자 영화 보고/혼자 등산 가고, 혼자 잠잔다//난 가끔//혼자 놀지만//매일 혼자인 이가 있다"라는 「독거 - 난중일기·45」의 진술은 타자를 향한 다정한 마음을 잘 나타낸다. 「버려진 역기 - 난중일기·36」과 같이 버려진 사물의 추억을 즐겁게 상상하고 「잡목 - 난중일기·31」처럼 대상에 감정이입하여 그것의 언어로 발화한다.

  이달균에게서 난세의 시학은 가장자리의 시법과 호응한다. 여기에서 "바다의 입꼬리 허연 포말이 경전"이라는 「물거품 - 난중일기·41」의 진술을 주목할 수 있다. 모든 사소하고 단순한 사물에 눈길을 던지고 서로 연관되고 이어져 있음을 지각하면서 의도한 평이함으로 말하는데 이처럼 이 시 편의 중장과 종장은 "어디서 태풍이 일고, 또 어디서 별이 지는지/거대한 은하의 일을 물거품은 일러주신다"라고 표현한다. 가장자리에서 생동하는 물질을 감각하면서 생의 율동을 형성하는 시적 지향은 "언제 어디서든 기회가 주어진다면/몰아치고 어루만지며 선율을 다뤘습니다"(「바람 - 난중일기·33」에서)라는 진술과 닿아있으며 "촉석루 떠돌던 타령꾼"(「바람 노래 - 난중일기·37」에서)의 말을 경계하는 일과도 연관한다. "논개바우에 앉아서 지리산 쌍계곡 수박향 난다는 은어 물장구치는 소리라도 들을 줄 알아야 시인"이라는 진술은 "타령꾼"의 입을 빌려 제시한 시인관이라 할 수 있다. 「또랑광대의 노래 - 난중일기·42」에서 시적 화자는 "넘지 못할 경계"를 말하고 있는데 이 또한 시인의 고뇌를 대변한다. "시도 그렇고 사랑도 그렇고, 물구나무서서 걷는 인생도 그렇더라. 알량한 이름값에 어전광대 흉내 내며 줄줄이 줄 세우고, 줄 태우고 흔들흔들, 차라리 난장판에 엉덩춤이나 추고말까"라는 심경의 표백이다. 백석의 통영을 말한 「백석, 통영에 와서 - 난중일기·49」에서 시적 화자는 "오늘 난, 시도 어렵고 사랑은 더 어렵다"라고 진술한다. 이중 화법을 통한 시인의 자기 고백이다. 이달균 시인은 자신의 시적 음역을 심화하고 확장하는 일에 진심전력이다. 「가을 작별 - 난중일기·70」에서 노래와 시 사이를 요동하는 표정이 역력하다. 이처럼 심란한 시인의 표정 또한 난세의 시학을 구성하는 일부가 된다.

이달균의 「난중일기」 연작은 충무의 목소리와 공명하면서 난중의 감각으로 삶을 민활하게 지각하려는 의지가 각별하다. 타자와 사물과 섞이고 스며드는 화법으로 공감의 지평을 확대하고 공통의 영역을 형성하려는 시학적 모험이 돌올하다. 한편으로 「빗방울 - 난중일기·25」, 「흑룡강 하구 - 난중일기·48」, 「아버지와 배롱꽃 - 난중일기·57」, 「물끄러미 - 난중일기·63」 등 가족사에 연루한 시편은 남겨 두었다. 「은퇴 - 난중일기·14」나 「마도로스 최 - 난중일기·15」와 마찬가지로 사람에 대한 시인의 사랑은 현재형이라 생각하기 때문이다. 어쩌면 이러한 영역은 그에게 시적 과제일 수도 있겠다.

난중일기 亂中日記

지은이 · 이달균
펴낸이 · 유정웅
펴낸곳 · 주식회사 동학사

1판 1쇄 · 2025년 7월 31일
출판등록 · 1987년 11월 27일 제10-149

주소 · 04083 서울 마포구 토정로53 (합정동)
전화 · 324-6130, 324-6131 | 팩스 · 324-6135
E-메일 | dhsbook@hanmail.net
홈페이지 | www.donghaksa.co.kr
www.green-home.co.kr

ⓒ 이달균, 2025

ISBN 978-89-7190-914-0 03810

저자와의 협의에 의해 인지를 생략합니다.
잘못된 책은 바꾸어 드립니다.